SMART
COOKIE KID

For 3 - 4 year olds

Mary Khalil
Baha Kodir

序文

この発達ワークブックには、お子様の注意力、集中力、多元的知能、視覚的記憶、運動能力、批判的思考、学習能力、問題解決力、創造性などを高めるために設計された、さまざまな魅力的な演習が含まれています。　最適な結果を得るために、お子様には大人の指導の下、これらのアクティビティを順番に定期的に実行することをお勧めします。　この面白くて注意力を高める本のすべての演習には、明確な指示が付いています。　各エクササイズに特定の時間制限はありません。　　最も重要なことは、お子様が問題を解決したり、新しいスキルを学んだりしながら、楽しんで注意を集中できることです。お子様がアクティビティ中に指示がわかりにくいと感じた場合は、シンプルで共感できる説明や例を示して、その混乱を明確にすることが重要です。　　お子様が練習を無事に完了したときに、言葉で積極的に励ますことは、お子様のやる気を引き出す優れた方法です。　たとえば、「素晴らしい仕事をしていますね!」と言うことができます。　または「あなたは信じられないほど素晴らしいです！」

　この本には、特に子供たちの想像力を魅了するよう、注意深く専門知識を駆使して作成された楽しいイラストが掲載されています。これらの優しい芸術作品は、プロのアーティストの才能の結晶です。

　さらに、保護者が家で子供たちと質の高い絆を深められる時間を提供するために、楽しいゲーム ページも追加しました。 これらの楽しいゲームは、きっと思い出に残る瞬間を生み出し、あなたと小さなお子様との強いつながりを育むでしょう。

色の付いていないボールの形を合わせます。

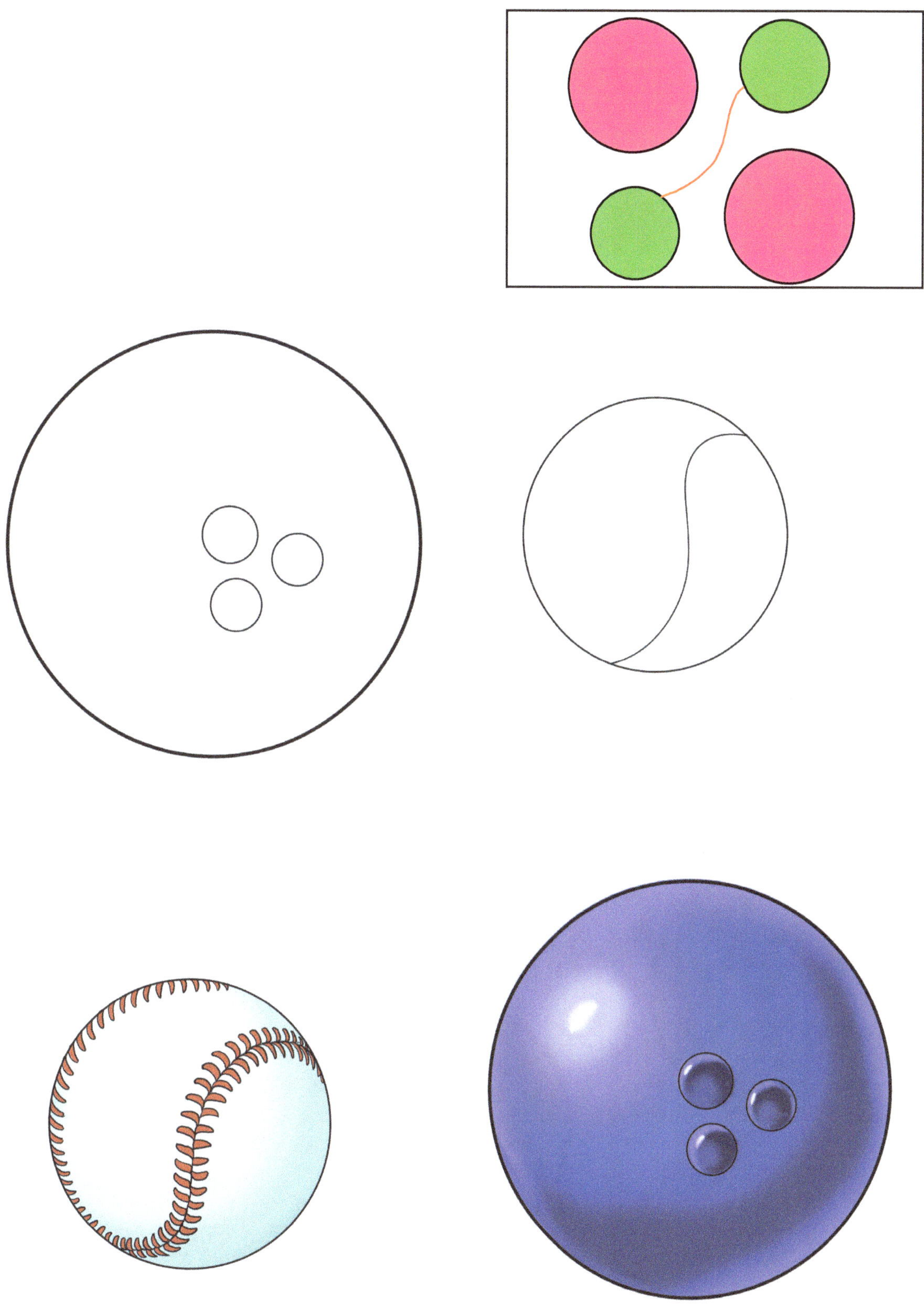

どれを味わったかを見つけてマークしてください。

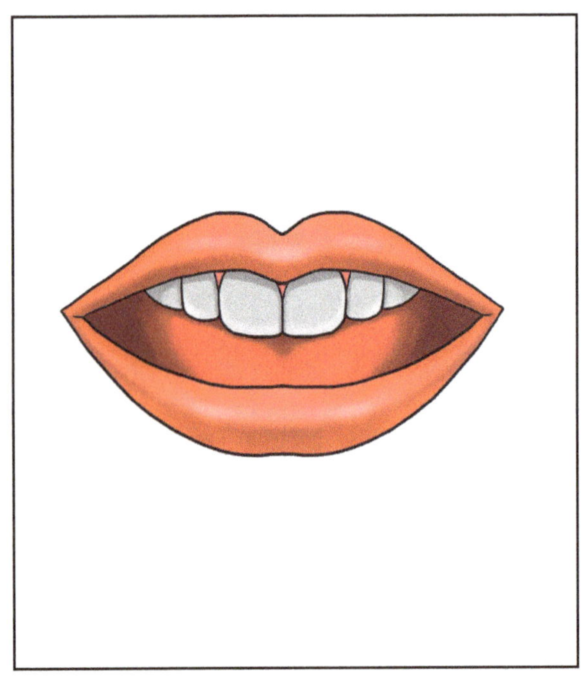

残り半分の円を描いて完成させます。

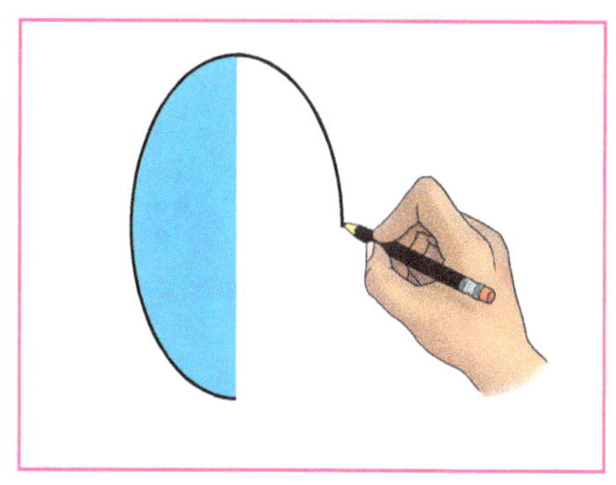

てんとう虫にさらに黒い点を描きます。

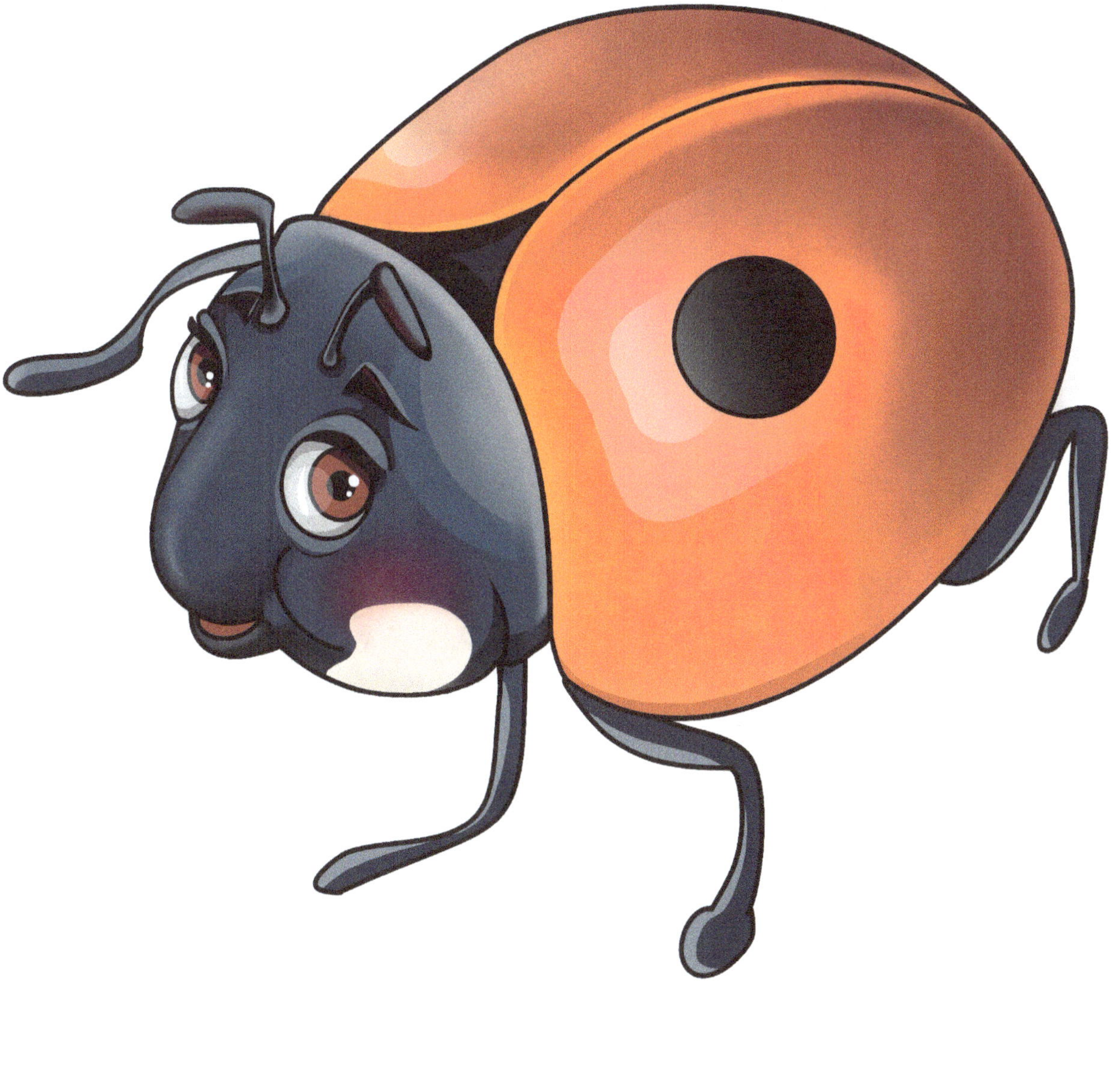

リンゴを2 等分します。

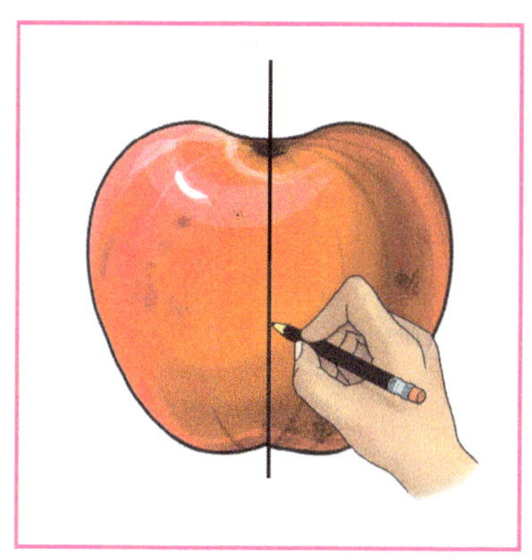

魚を捕まえるために何を使うかを見つけてマークします。

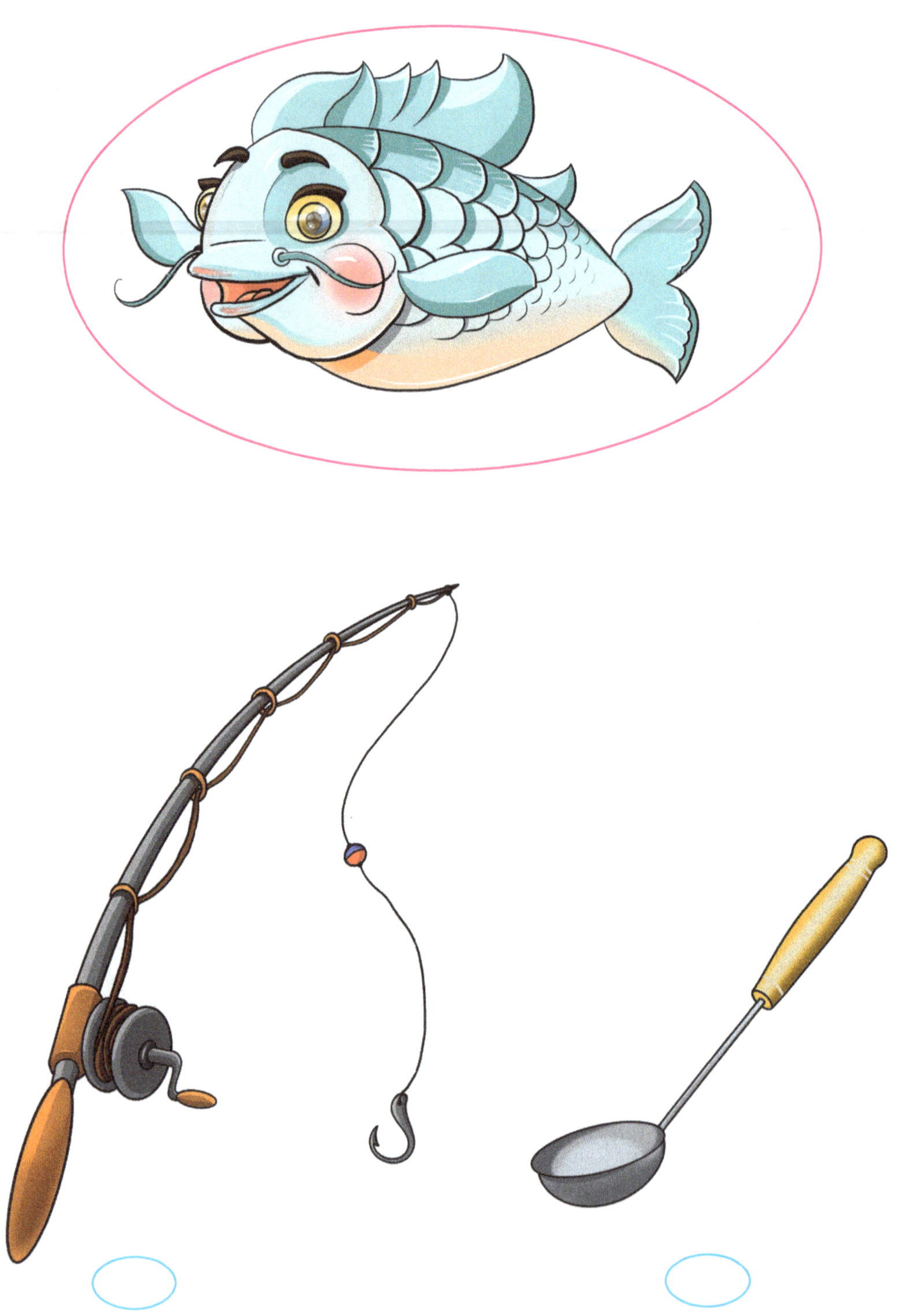

正方形のオブジェクトを見つけます。

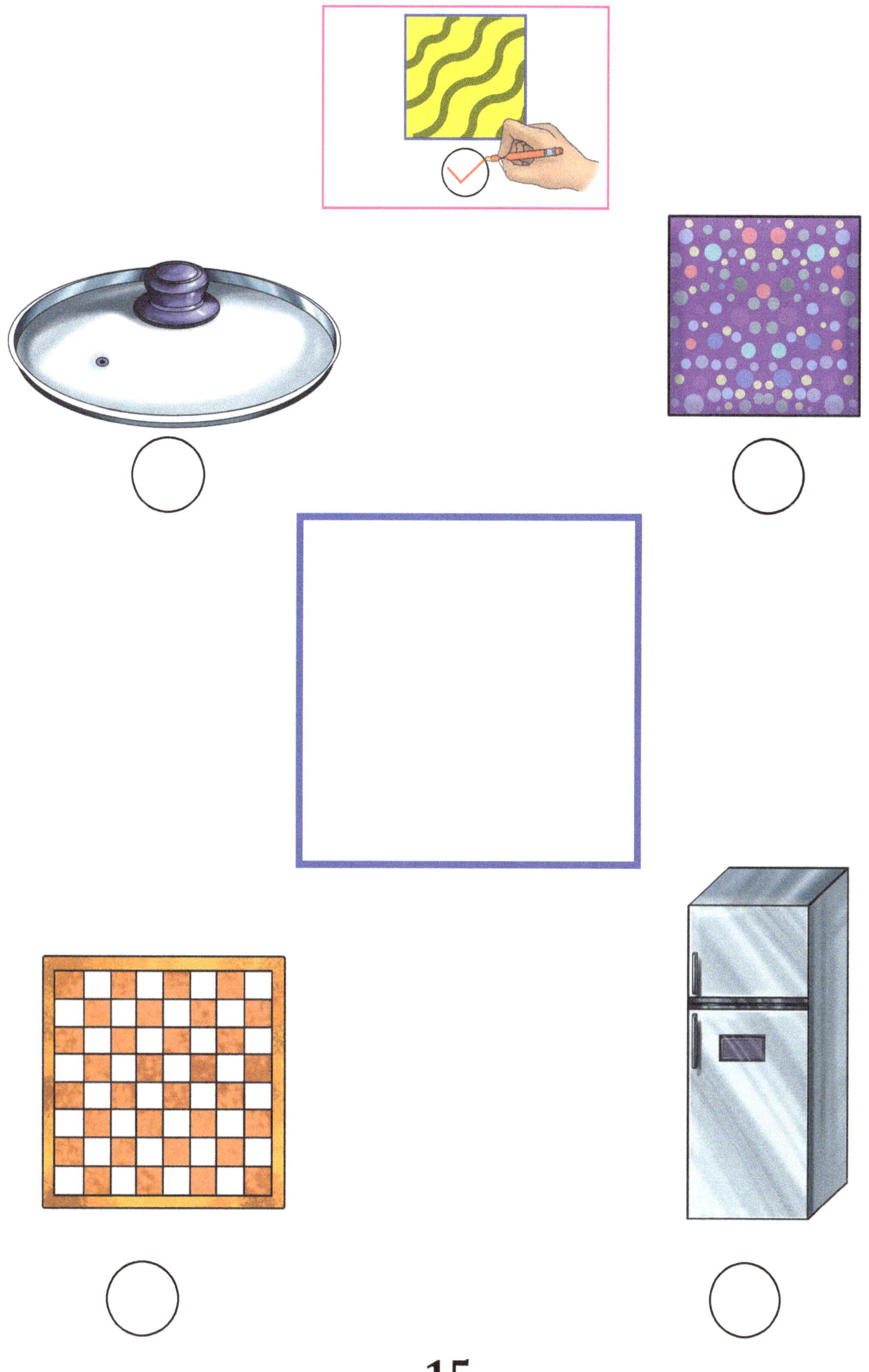

正方形のオブジェクトを見つけます。

直線を描いてミツバチを巣の近くまで連れて行きます。

17

学校補助具を色の付いていない形状と合わせます。

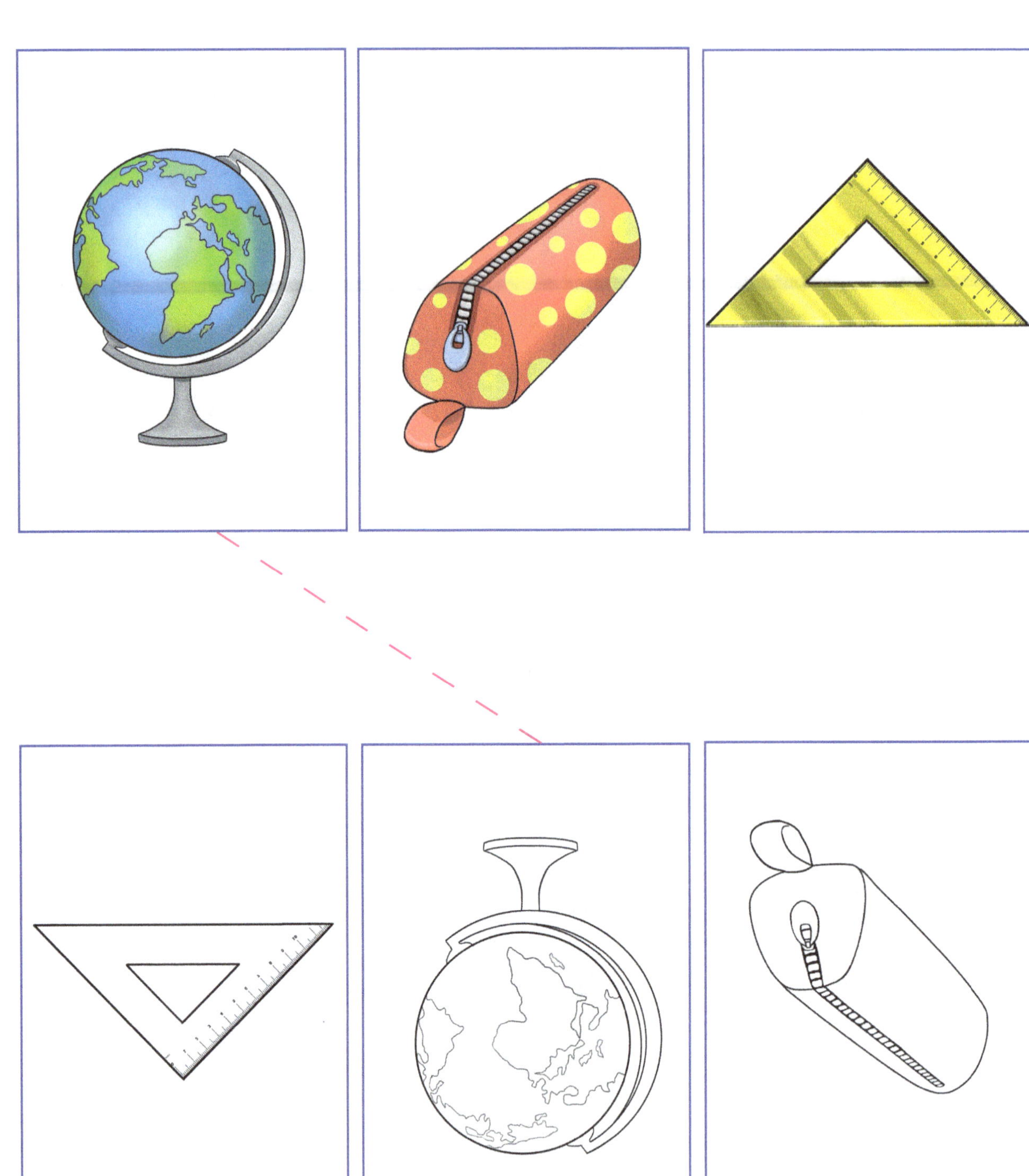

誕生日にプレゼントをもらった子供はどんな気持ちになる
でしょうか？彼の表情を描きます。

秋にふさわしい服を選んでください。

家族の黒と白の影を合わせます。

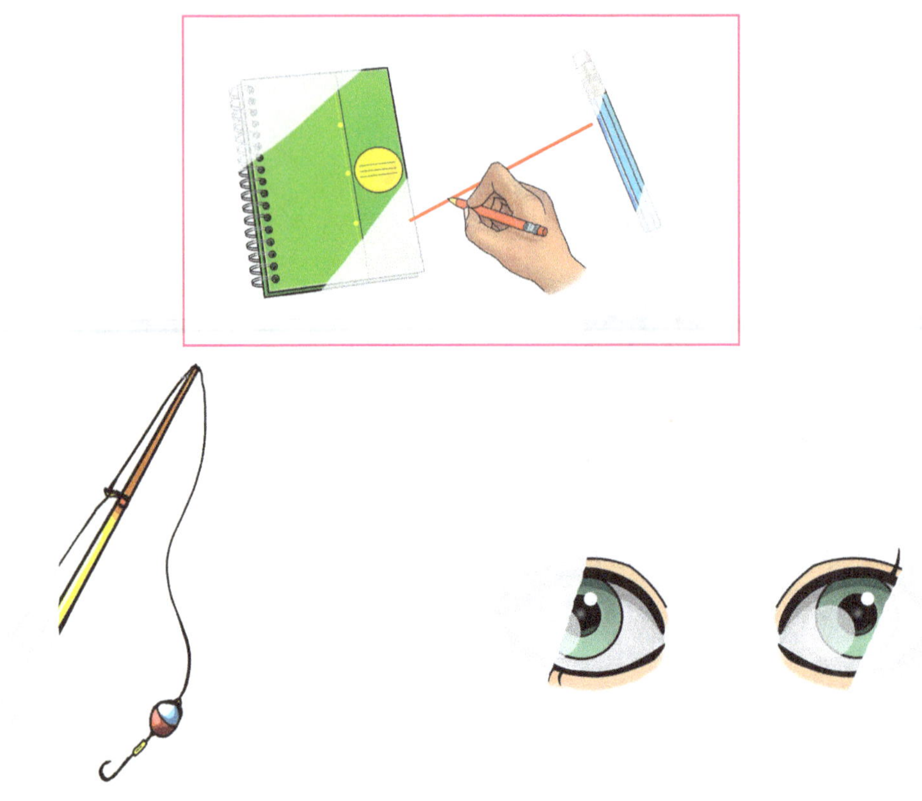

両手で同時に線を描きます。

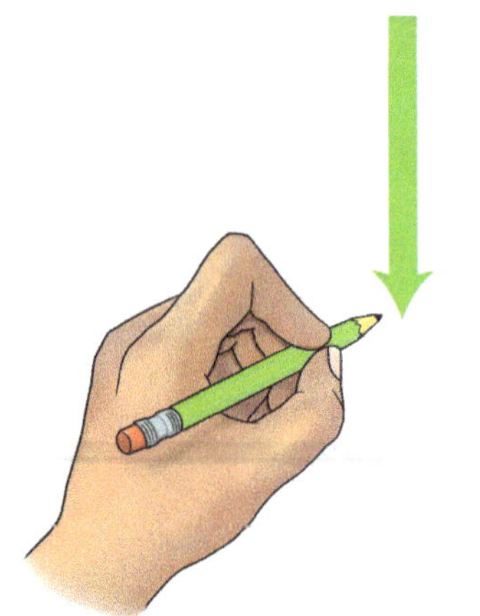

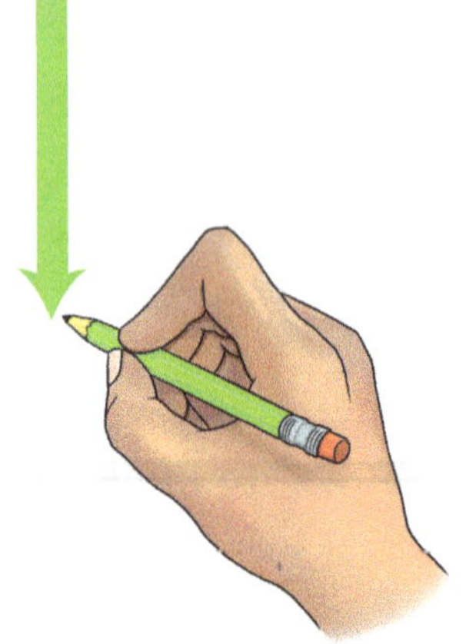

クマが住んでいる場所を見つけてマークします。

どれが苦いのかを見つけてマークしてください。

赤ちゃんの線に沿って目の体操をしましょう。このエクササイズを少なくとも5回繰り返します。

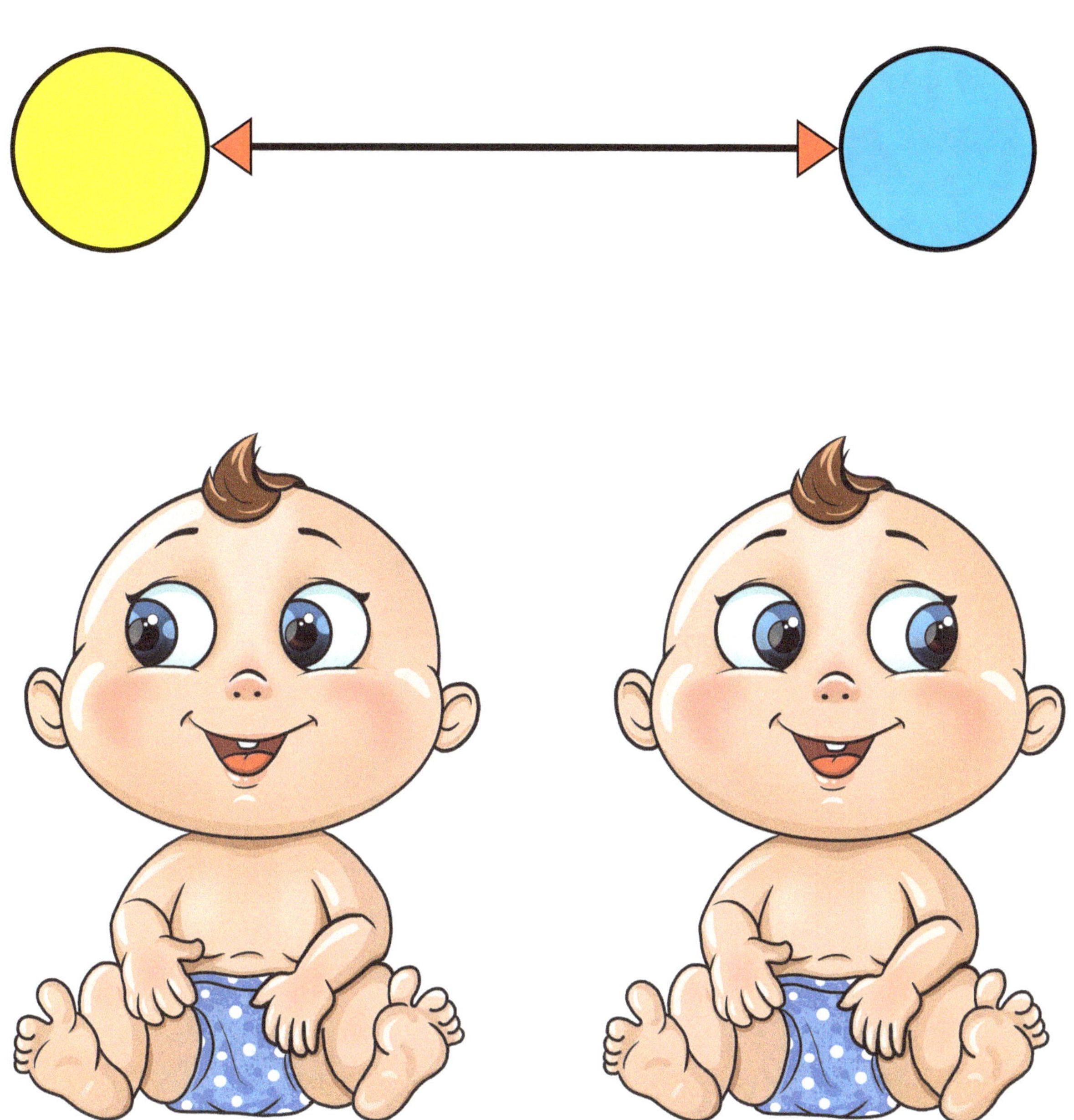

下の木に合わない幾何学的図形を見つけてマークしてください。

どの記号が書き間違えられているかを見つけます。

下の図の例のように、スキーをしている子供を見つけます。

<h2 style="text-align:center">魔法の布の使い方。</h2>

指示: 布をカバーとして使用し、子供のおもちゃをいくつかカバーの下に置きます。おもちゃを開ける前に、おもちゃに適した音を立ててください。子供はどのおもちゃの音を聞いたか尋ねられます。このゲームは子供と順番にプレイします。

提案: 大きな布と男の子のおもちゃをいくつか。このアクティビティでは、子供の年齢に適したオブジェクトを選択する必要があります。ゲームは簡単なものから難しいものまで続けることができます。

指示: 親の 1 人が子供と一緒に座ります。もう一方の親は帽子を足に置きます。親子は「いや、いや」と反応します。もう一人の親が帽子を頭にかぶせ、母子は「はい、はい」と確認します。このゲームは順番にプレイされます。
提案: 靴下、帽子、手袋など、いくつかの衣服を事前に準備してください。このゲームには少なくとも 3 人が参加する必要があります。